AF278044

SOPA DE LIBROS · TEATRO

Coedición de Fundación SGAE y Grupo Anaya, S. A.

© Del texto: Miguel Rojo, 2024
© De las ilustraciones: Sonia González, 2024
© De esta edición: Fundación SGAE, 2024
Bárbara de Braganza, 7. 28004 Madrid
www.fundacionsgae.org
© De esta edición: Grupo Anaya, S. A., 2024
Valentín Beato, 21. 28037 Madrid
www.anayainfantilyjuvenil.com

Primera edición, noviembre 2024

ISBN: 978-84-143-3702-8
Depósito legal: M-17487-2024

Impreso en España - *Printed in Spain*

PAPEL DE FIBRA
CERTIFICADA

*Reservados todos los derechos. El contenido de esta obra está protegido
por la Ley, que establece penas de prisión y/o multas, además
de las correspondientes indemnizaciones por daños y perjuicios, para
quienes reprodujeren, plagiaren, distribuyeren o comunicaren públicamente,
en todo o en parte, una obra literaria, artística o científica, o su transformación,
interpretación o ejecución artística fijada en cualquier tipo de soporte
o comunicada a través de cualquier medio, sin la preceptiva autorización.*

Naunet y el mar

SOPA DE LIBROS · TEATRO

Miguel Rojo

Naunet y el mar

ANAYA

fundación sgae

Ilustraciones de
Cuchu

Premio SGAE
de Teatro Infantil
2023

Ninguna oscuridad dura para siempre.
E incluso en ella, hay estrellas.

Ursula K. Le Guin

... comparecer ante los otros
con los ojos más limpios, indefenso,
y vacías las manos, sin dispersar la voz,
respirar con sosiego bajo el agua.

Ángel Campos Pámpano

Prólogo

Cuando era niño, mis padres solían llevarme a la playa todos los veranos. Cada año, me hacía una pandilla de amigos distinta allá donde fuese y teníamos mil aventuras junto al mar. Solo en unas pocas ocasiones no encontraba amigos con los que compartir. Entonces me dedicaba al noble arte del esnórquel, que, para el que no sepa a lo que me refiero, es el buceo con unas gafas y un tubito para respirar.

Me encantaba hacer esnórquel. La palabra también es genial: esnórquel. Suena a un animal hecho con partes de otros animales, como el ornitorrinco. «¡Mira qué esnórquel más majo!». Me gustaba flotar en el mar con la mirada hacia el fondo y observar los peces, las algas, los corales... Un mundo de maravillas por descubrir. Me fascinaba ese lento dejarse llevar por la marea, observar con curiosidad cada uno de los seres que habitaba aquel misterioso lugar. Pasaba tanto tiempo flotando, mirando al fondo, que mi madre me compró una boya que me ataba al pie para saber dónde estaba en todo momento. En más de una ocasión tuvo que venir a buscarme o llamarme a voces porque me estaba alejando de la playa.

Esta imagen de la infancia, ese flotar fuera del tiempo mientras escudriño el fondo y me maravillo a cada descubrimiento, es sin duda una imagen feliz para mí. Y es también la imagen de la que surge esta obra: *Naunet y el mar*.

Si has hecho esnórquel alguna vez, sabrás que el fondo cercano a la costa es de una manera particular. En ocasiones rocoso, otras de arena fina, pero hay algo de la cercanía a la costa y la poca profundidad que lo hace único. Suele haber muchos peces pequeños, es fácil ver pulpos, cangrejos, moluscos, etc. Siempre hay un momento en este flotar infinito, si te dejas ir mar adentro, que el paisaje cambia. El agua se vuelve más fría. El fondo está más lejos. Todo se oscurece. Los peces son más grandes. Siempre que me acercaba a esa frontera invisible, me ponía nervioso, algo se me agarraba en la barriga y el corazón me palpitaba con fuerza. ¿Qué misterios se encontraban más allá? ¿Me atrevería a nadar un poquito más lejos? ¿Cómo reaccionaría si aparecía un tiburón? ¿Y una ballena? ¿Y un calamar gigante? (Sí, claro, yo también había leído *Veinte mil leguas de viaje submarino* de Julio Verne). Si intentase tocar el fondo, ¿podría volver a tiempo a la superficie para respirar? Con todas esas preguntas nadaba por la frontera secreta entre la playa y el mar gigante, el mar de los grandes naufragios, de los secretos ocultos en el fondo. De ese impulso por atreverse a conocer el fondo, por preguntarse qué hay un poquito más allá, nace el viaje de Naunet. Te invito a acompañarla.

Argumento

Naunet se ha caído al mar y comienza a hundirse. El mar está sorprendido. Naunet tampoco lo puede creer, pero pronto descubre lo irremediable: que no es capaz de nadar hacia arriba.

Naunet se hunde y en su caída a las profundidades se encontrará con distintos seres que habitan bajo el agua y que intentarán ayudarla en su anhelo: regresar a la superficie. Uno de ellos es Kai, un niño sireno contento de tener una nueva amiga... aunque menuda amiga tan rara, ni tiene cola ni sabe nadar hacia arriba. Después está Florete, un narval acalorado que también se ha perdido de su familia. Y Freya, una mascarón de proa con las ideas muy claras.

Durante su caída, visitará lugares increíbles como los restos de un naufragio, la ciudad sumergida de la Atlántida o las simas abisales, donde conocerá a Dientes Dientes, un rape sumamente educado (y hambriento).

El mar, mientras tanto, la acompaña en su camino hacia el fondo. «Quizá», piensa Naunet, «cuando llegue al fondo pueda tomar impulso, empujarme hacia arriba y volver a la superficie». En su viaje a lo profundo, Naunet intentará sobrevivir mientras asiste a lo poético y maravilloso a la vez que se pregunta por la propia caída, por el mar que la envuelve y por sí misma.

Personajes

Naunet

Es una niña que se ha caído de una barca al mar. Podrías ser tú, podría ser yo, podría ser cualquiera. Sin embargo, es Naunet la que va a vivir esta historia. Su nombre es el de una diosa egipcia. Naunet es la diosa primigenia del vacío y de las aguas primordiales, y también del océano inferior, considerado como el cielo subterráneo. Tener ese nombre la ayuda a estar tranquila dentro del océano, pues, de alguna manera extraña, no lo siente como algo ajeno. Naunet es, sobre todo, una niña curiosa y observadora que no tiene miedo a todas las cosas que el mundo pueda ofrecerle, tanto las buenas como las malas, las difíciles y las complejas, las reales y las imaginarias. Por eso a veces se ríe ante lo absurdo de la vida y otras veces se enfada ante lo que no puede comprender. Es sensible a lo poético del mundo. Es valiente, muy valiente, pues su viaje es largo y complicado. En su interior sabe dónde encontrar lo necesario para prender una luz en la oscuridad.

KAI

Es un niño sireno. Es, por tanto, mitad niño (en concreto, la mitad de arriba) y mitad pez (en concreto, la mitad de abajo, al revés sería problemático, ¿no crees?). Como a cualquier niño, le encanta jugar con otros niños. Como a cualquier pez, le encanta nadar a toda velocidad sorteando las mareas. Kai está dispuesto a ayudar a todo el que lo necesite, siempre y cuando no tenga que romper las estrictas normas de su madre. Por cierto, por si no lo sabes, en chino, Kai quiere decir triunfo; en tailandés, quiere decir pollo, y en hawaiano, quiere decir mar.

FLORETE

Es un narval, que es un cetáceo, lo que quiere decir que es un pez y a la vez es un mamífero. Su nombre científico es *monodon monoceros*. Los narvales se caracterizan por tener un larguísimo cuerno helicoidal. Les gustan las aguas muy frías, tan frías que muchas veces se congelan (las aguas, digo, no los narvales, que

tienen la piel gordita para no pasar frío). Su larguísimo cuerno hace que a veces los confundan con unicornios. A Florete le agobia mucho el calor y siempre está pendiente de su familia. Él, como Naunet, también se ha perdido y debe encontrar a los suyos inmediatamente. A estas alturas ya te habrás imaginado que su nombre es importante; el florete es una espada ligera y flexible que se mueve con rapidez y agilidad. A Florete le gusta imaginar que su cuerno es un florete con el que retarse en duelo con sus amigos.

Freya

Es una mascarón de proa, así que tiene el increíble privilegio de ser parte de un barco y haber recorrido los mares viviendo mil aventuras. También tiene el inevitable inconveniente de que, cuando el barco se hundió, Freya se hundió con él. El barco era vikingo y Freya es, claro, una valkiria. De hecho, es la reina de las valkirias. Como su pueblo es guerrero y Freya lleva muchos siglos sumergida, su paciencia es poca y su manera de enfrentar los problemas es, digamos, por la vía más directa. Las soluciones siempre vienen de la mano de la fuerza y la voluntad, y no considera otras posibilidades o circunstancias, pese a que ella se encuentra en un entuerto que ni la fuerza ni la voluntad han podido solucionar.

DIENTES DIENTES

Es un *melanocetus johnsonii,* también conocido como rape abisal o diablo negro. Vive en las simas abisales, en las profundidades más profundas, y tiene unos dientes gigantes que se le salen de la boca. Es por su aspecto amenazador que lo llaman diablo, aunque en las profundidades más profundas tampoco importa mucho lo guapo o feo que seas, pues está tan oscuro que no se ve nada; eso lo tiene Dientes Dientes a su favor. En cualquier caso, Dientes Dientes es sumamente educado, antes de morderte siempre te preguntará si le das permiso. También tiene una antenita en la frente que alumbra gracias a bacterias bioluminescentes.

EL MAR

Es el más anciano de esta historia. O la más anciana, pues no tiene género. O la más joven, porque así es, también es la más joven. Es un lugar: antiguo, profundo y repleto de historias maravillosas. También es una voz: antigua, profunda y repleta de historias maravillosas.

Es el lugar que contiene a Naunet y a los demás personajes y es la voz que la acompañará en su viaje. Y también es la acotación de esta obra de teatro. El mar sabe que en su interior hay seres malos y seres buenos, hay fracasos y alegrías, hay dolor y hay ternura, hay realidad y hay fantasía, hay desesperación y, por supuesto, en algunos rincones, hay esperanza.

ESCENOGRAFÍA

La historia de Naunet sucede en el agua. Comienza cuando cae al mar, y su viaje es un lento viaje hacia el fondo. ¿Te imaginas que pudiésemos montar esta obra en una gigantísima pecera de cristal? Y que el público se sentase alrededor y que encontrásemos una forma de que los actores pudiesen respirar debajo del agua sin que se notase mucho. Y que los personajes de los peces los interpretasen peces de verdad: un narval con un cuerno gigante, un pequeño *melanocetus johnsonii*. Y que poco a poco fuésemos apagando las luces y la estancia se volviese más fría. Sería espectacular. En cualquier caso, está claro que esta es una obra que ocurre en el mar, en el fondo del mar, y por lo tanto estaría bien que la escenografía así lo representase. ¿Qué elementos crees que son indispensables para representar el fondo del mar? A mí se me ocurre un bosque de algas, una concha gigante, un arrecife de coral, un naufragio, un poco de arena, una cueva oscura, un agujerito del que salgan burbujas (¿quién hace esas burbujas?), un cofre, una morena, un cañón de un barco pirata, un ancla.

El otro asunto importante es el viaje de Naunet. Nuestra protagonista cae muy despacio por el mar, casi como si se sostuviese en medio del océano, como cuando un pájaro se mantiene en medio del cielo. Habría que encontrar la manera de que Naunet flotase, de transmitir esa sensación de lentísima caída. ¿Tú cómo lo harías? Quizá puedes subirte a una silla o una mesa. Sería importante que imites el vaivén de las mareas. O incluso subirte a una cuerda que cuelgue del techo (¿habrá una en el gimnasio?). O colgar una hamaca, la hamaca tiene un balanceo interesante porque es parecido al del mar. También es interesante pensar en cómo se moverían el resto de personajes: Kai, Florete, Freya y Dientes Dientes.

Otra solución sería montar esta obra con marionetas. Las marionetas tienen la suerte de poder hacer cosas imposibles para los humanos: pueden volar y pueden caer y pueden morir y resucitar, pueden doblarse de maneras

imposibles y pueden hacer todo eso con corazón. La otra opción sería llamar a una acró-
bata, una artista del circo, que pudiese colgar-
se de telas o andar por la cuerda floja. ¿Tú
conoces a alguna?

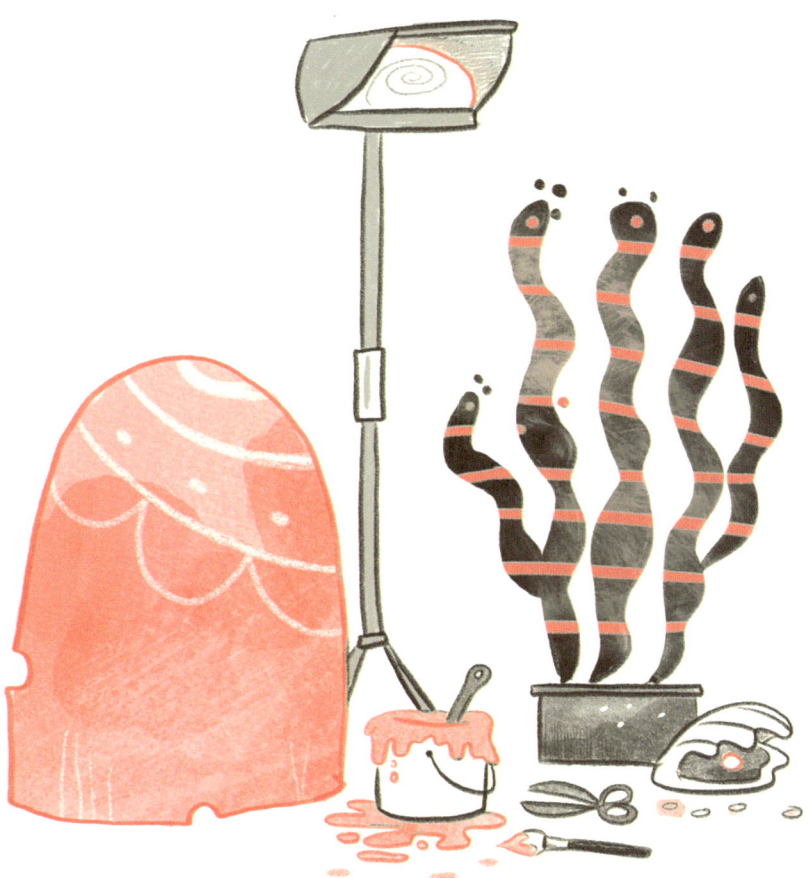

Naunet y el mar

Personajes
(por orden de intervención)

El mar
Naunet
Kai
Florete
Freya
Dientes Dientes

Nota:
Los textos correspondientes a las acotaciones escénicas
figuran en color rojo.

I

Yo soy el mar. También se me conoce como océano, piélago, ponto. Soy él y soy ella. Joven y anciano. Profundo y somero. El mar y la mar. Puedo estar llana, cabrilleada, picada, gruesa, cava, encrespada, larga, sorda, de leva o de capillo, pero si algo estoy siempre es salada, muy salada. Sobre mí navegan barcos en busca de nuevas costas y en mí nadan los peces hasta profundidades insospechadas. Lo envuelvo todo, todo lo que hay en mí lo envuelvo: desde una pequeña moneda que un viajero lanza deseándose suerte hasta el mismo planeta Tierra en toda su redondez, todo lo envuelvo. También soy uno y muchos. El gran mar. O los siete mares. Cercano y lejano. Situado y omnipresente. Junto y separo. Allende los mares, allende.

Tengo historias que contar, cientos. Tengo miles. Millones. Desde el principio de los tiempos hasta esta mañana, cuando ha pasado algo con lo que *nadie contaba. Desde que el Kraken surgió en las aguas del norte y el Leviatán surgió entre las olas del sur, hasta esta misma mañana en la que una niña pequeña y curiosa llamada* NAUNET *ha caído a mis aguas.*

2

NAUNET:

¿Qué es esto que me envuelve?

Buaj, buaj, cuánta sal.

Odio el sabor a sal.

¿Qué es esto que me envuelve?

Yo sabía que el mar era salado. Pero ¡tanto!

No me esperaba esta saladez al caerme.
Es una saladez intensa. Saladez salada.
Saladísima saladez salada.
Mis padres siempre me han dicho que es
buena para curar las heridas.
Odio los «siempre me han dicho».

Me he caído de la barca.
No me esperaba la caída.
Creo que nadie se la esperaba.

No me esperaba una caída que continúa
cayendo.
No me esperaba este no parar.
Esta caída continua.
Casi como cae una pluma de un ave perdida
en pleno vuelo.
Una pluma que cayese despacio por el aire
desde el centro del cielo.
Así caigo yo.

Pero no por el cielo.
Caigo por el mar.
Por el centro mismo del mar.
Despacio, despacio.
Como a cámara lenta.
Como si tuviese un paracaídas para el
agua.
El agua es un paracaídas en sí.
Como si fuese un astronauta cayendo a
los confines de la galaxia tras un mínimo
impulso.
Cruzando estrellas y planetas.
Así caigo yo.
En esta agua salada.
Despacio.
Hacia el fondo.

Mira, un besugo.
¡Besugo!

Mira, un merluzo.
¡Merluzo!
Ni caso.
Aquí parece que cada uno va a lo suyo.

Lo bueno de este caer flotando es que así
me aseguro de que, cuando llegue abajo,
cuando llegue al fondo,
no me haré excesivo daño.
Como si un caracol chocase con una pared.
¡Imagínate! ¡Qué cuadro!
Quizás el besugo y el merluzo no me en-
tiendan bajo el agua.
Mi voz debe de sonar distorsionada.

No es, joven NAUNET, *que en mis adentros los
seres que me habitan sean unos maleducados.
Es que el sonido en mí es más lento. Como es la
caída más lenta. Y el tiempo es más lento.*

NAUNET:

¡Beeeeesuuuuugooooo! ¡Meeeeerluuuuu-
zoooooo!

*Los habitantes de mi vientre son de lo más hos-
pitalario. Y, así, el besugo y el merluzo se acer-
can con curiosidad a conocer a* NAUNET. *Despacio la rodean. La miran despacio. Despacio
se paran frente a ella y la escuchan.*

NAUNET:

Me he caído de una barca.

Ha sido esta mañana.

Iba con mis padres, supongo que me estarán buscando. Creo.

Si la barca sigue en pie.

No lo tengo claro.

Después de caerme, he seguido cayendo.

Pero más lentamente.

Al caerme de la barca, me he llevado un susto.

Pero luego se ha quedado todo muy apacible.

Como un remanso de paz.

Como si el mar, por dentro, fuese una gran charca mansa.

A veces, sin duda, lo soy.

NAUNET:

Y he seguido cayendo, pero más despacio.

Y ese despacio me ha permitido ir observando.

Lo primero que he observado es lo salada que está el agua aquí, ¡hay que ver!

Y lo tranquilos que vais los peces.

Y, cuando he mirado arriba,

a ver si veía la barca o a mis padres,

unos rayos de luz preciosa atravesaban la superficie
como queriendo pintar un cuadro de luz.

Los rayos de luz que me atraviesan no solo se ven bonitos, sino que también se sienten bien. Es curioso. Se sienten como caricias suaves de una madre que quiere que te despiertes, pero sin molestarte.

Los peces siguen su camino: besugo, merluzo. Y NAUNET también sigue el suyo.

3

NAUNET:

Al caerme, no podía respirar.
He aguantado la respiración.
Es lo que me enseñaron a hacer.
Bajo el agua has de contener la respiración,
siempre me dijeron.
Odio los «siempre me dijeron».
He aguantado un rato.
Al ver que no subía, me he empeñado en
aguantar.

No hace falta que aguantes.

NAUNET:

He estado un rato larguísimo sin soltar el
aire.
Por lo menos cinco minutos.
Se me ha hecho una eternidad.

Notaba el aire dentro de mí.
Pidiéndome salir.

No hace falta que aguantes, NAUNET.

NAUNET:

Según aguantaba, sentía cómo el tiempo
iba desapareciendo.
Sentía como si dentro de mi pecho hubiese
dos barcos a punto de chocar.

Hay un momento en que los dos barcos
todavía no han chocado,
pero todo el mundo sabe que van a chocar.
Y todo el mundo sabe que no se puede
hacer nada para que no choquen.
Así me sentía yo, en ese espacio de tiempo
entre saber que algo terrible va a suceder y
el momento en el que sucede.

*De verdad, NAUNET, que no tienes que aguantar
más. ¡Por favor!*

NAUNET:

Todavía he aguantado un poco más.
Aunque sintiese cómo todo
se iba desvaneciendo.
Todavía
quise
resistir.

Hasta que pffffffffffff.
Como un globo que se escapa sin anudar.
No tuve más remedio que soltar el aire.

Y, de pronto, algo imprevisto.
Comencé a respirar con normalidad.
Respiré con sosiego bajo el agua.

Te lo dije, pesada.

NAUNET:
Esto no es lo común.

No, no lo es. Pero, a veces, en muy pocas oca-siones, ocurre lo extraordinario.

4

NAUNET:
Desde esta lenta caída veo:
un besugo.
Otro besugo.
Otro besugo que definitivamente tiene
cara de besugo.
El besugo más besugo jamás visto.
¿Puede ser eso una familia de besugos, con
unos besuguitos diminutos?
Veo una medusa.
¿Es una medusa?
¿O es una bolsa de plástico?
¿O es una medusa?
¿O es una bolsa de plástico?
¿Medusa?
¿Plástico?
Por si acaso no la toco.
Que algunas medusas pican.

Y las bolsas de plástico están sucias y ensucian.

Odio el plástico.

También veo un pez diminuto perseguido por un pez pequeño perseguido por un pez mediano perseguido por un pez grande perseguido por un delfín perseguido por un tiburón perseguido por una orca perseguida por una ballena.

¡Una ballena!

¡Qué elegancia la ballena!

Parece que bailase un vals bajo el agua.

Y hay una carrera de caballitos de mar.

Y veo una multitud de atunes atontados que no paran de dar vueltas.

Y de abajo sube una cascada de burbujas.

¿De dónde salen esas burbujas?

Ellas suben y yo bajo.

Ellas se elevan y yo me hundo.

Pasan por mi cara y me hacen cosquillas.

Intento agarrarme, quizás ellas me ayuden a volver a mi barca, pero se me escapan entre los dedos.

Las miro ascender.

En la superficie del agua se unen a la espuma de las olas.

Miro al fondo a ver de dónde salen las burbujas.

Pero no hay fondo.
Hacia abajo es todo mar y el paisaje es increíble.
Aquí, bajo el agua, como en la tierra, también hay montañas y valles y mesetas y cuevas y praderas y bosques y precipicios.
Sigo hundiéndome.

5

NAUNET:

En esta lenta caída hay unas cuantas cosas buenas.
Una de ellas es que puedo ponerme en la posición que quiera.
El agua tiene la maravillosa facultad de acomodarse a todas mis posiciones.

Así soy yo, que te abrazo a cada instante. Como una manta en medio del invierno. Me acomodo a tu comodidad. Te envuelvo en cada movimiento. Mi piel roza toda tu piel. Como si fueses un bebé en el vientre de su madre y un líquido invisible te acogiese con ternura.

NAUNET:

Tumbada miro hacia arriba como el que mira al techo de una casa.
Como si estuviese tumbada en la cama y mirase al techo durante horas.

Sobre el techo, un tejado.
Sobre el tejado, los pájaros.
Sobre los pájaros, las nubes.
Sobre las nubes, el cielo.
Tumbada miro mi techo, el final del mar,
la superficie.
Sobre el tejado del mar está la superficie.
Pasa una barca que cruza el tiempo.
Pasan, sobre todo, las olas.
Las olas peinan el mar.
El viento peina las olas.
Parece que tuviese una melena de plata.

*Y qué melena. Una melena larga que me llega
hasta los pies.*

NAUNET:

Tumbada miro la superficie y, mientras
caigo, me alejo de la superficie.
Me hundo en mí misma.
Como si me hundiese en la cama y me ale-
jase del techo de mi cuarto.
Los rayos se revuelven entre las olas
como un gato que jugase con un hilo de luz.
Y, sin embargo, yo, poco a poco, me alejo.

Extiendo un brazo hacia el techo del mar.

6

NAUNET:

Qué hermosa danza es el arrecife de coral.
¡Qué colores en los corales!
¡Qué corales en los colores!
Las amebas, las morenas, las estrellas de mar.
Si esta caída mía hacia el fondo fuese todavía más lenta, a la velocidad del hielo, tendría más tiempo para maravillarme con tanta maravilla.

Verías algo que solo yo, que soy infinito y he vivido desde el principio de los tiempos, he podido ver: el arrecife moverse y crecer. Existen dos tiempos en el fondo del mar. El tiempo geológico, que es lento y suave. Es el tiempo de las rocas y de las grietas. Y el tiempo animal, que es veloz y sospecha. Los dos tiempos conviven en el arrecife de coral con su baile de colores.

El tiempo lento hace que el arrecife conquiste aquella loma submarina. El tiempo rápido son los peces escondidos de otros peces escondidos de otros peces escondidos...

NAUNET:

Me he agarrado a una rama de coral duro. Lo he hecho por si podía detener mi caída y maravillarme un poco más con sus colores. El hecho de estar cayendo no evita que pueda mirar las cosas bonitas que me rodean.

Solo que a veces querría no caer. O no solo caer.

También me he agarrado por si podía pensar en volver a la superficie. Pensar un segundo sobre el regreso.

El brazo de coral se ha partido.

¡Ay! Como si se me partiese una uña a mí.

NAUNET:

Supongo que tendré que esperar a llegar al fondo.

NAUNET ha vuelto a la caída.

7

KAI ha visto a NAUNET a lo lejos. Al principio no se lo podía creer: «¿Qué hace una "dospatas" en medio del océano?», apostaría mis olas a que eso es lo que se ha dicho. Una oportunidad así no se puede dejar escapar y la curiosidad para KAI es siempre mucho más fuerte que el miedo. Tan despistada estaba NAUNET que no ha visto cómo se le acercaba el pequeño y plateado KAI: mitad niño y mitad pez.

KAI:

¿Tú quién eres?

NAUNET:

Lo primero: buenos días.

KAI:

Será para ti, para mí es buenas noches.

NAUNET:

Es cierto, aquí abajo no me queda claro qué hora es.

KAI:

¿Que tú quién eres?

NAUNET:

Soy Naunet.

KAI:

¿Y qué haces?

NAUNET:

Caigo.

KAI:

¿Cómo que caes?

NAUNET:

Caigo.

KAI:

¿Caes?

NAUNET:

Caigo.

KAI:

¿Y qué tal eso de caer?

NAUNET:

Pues no está mal. Tiene su cosa. Me gusta que la caída no sea superrápida, así me puedo encontrar con gente como tú.

KAI:

¿Y de dónde caes?

NAUNET:

Pues de ahí arriba, de la superficie. Estaba en una barca con mis padres y de pronto ha venido una ola gigante y he salido volando. De hecho, creo que ha salido toda la barca volando, aunque de eso no estoy segura. He volado tanto que, cuando he caído al agua, estaba fuera del alcance de los demás. Y ahí ya ha empezado esta caída. Llevo un rato largo descendiendo. No sabría decir exactamente cuánto.

KAI:

Vaya, lo siento.

NAUNET:

Gracias. ¿Tú te has caído alguna vez?

KAI:

Dentro del agua es difícil caerse.

NAUNET:

Ya. Es verdad.

KAI:

Imagínate un pez cayéndose.

NAUNET:

¡Menudo! No sé cómo imaginarme eso. ¡Me va a explotar la cabeza!

KAI:

¿Jugamos a algo?

NAUNET:

¿Quieres jugar conmigo?

KAI:

Claro, dale, tú la llevas. A ver si me pillas.

NAUNET intenta nadar tras KAI. KAI se aleja. Se aleja todavía más. Se aleja a toda velocidad.

Estos juegos dentro de mí no me parecen mal. No va a ser todo seriedad y trabajo en la vida. Es importante dar espacio dentro de uno mismo al juego y a la diversión.

Por cierto, por si no os lo había dicho, KAI es un sireno. Una de las criaturas más antiguas que habitan en mí. Aunque él sea todavía un niño sireno, su especie lleva en mí desde hace milenios.

KAI nada en todas direcciones, hace cabriolas en el agua. NAUNET sigue en el mismo sitio. Por fin, KAI se percata de que NAUNET no se ha movido.

NAUNET:

No puedo.

KAI:

¡Píllame!

NAUNET:

No puedo.

KAI:

¡Qué barbaridad! ¿No puedes moverte? Yo puedo.

NAUNET:

Ya veo que tú puedes. Pero, como ves, yo no tengo cola. Parece que solo puedo ir hacia abajo.

KAI:

Ah, sí, la cola. La cola es fundamental para desenvolverse en este entorno. Todos los sirenos tenemos colas.

NAUNET:

¿Tú eres de por aquí? ¿Es esta una zona sirénida?

KAI:

De por aquí de toda la vida. Me llamo Kai, por cierto. ¿Te gustaría que fuésemos amigos?

NAUNET:

Me encantaría. Oye, Kai, ¿sabes lo que me espera ahí abajo?

KAI:

Pues ahí abajo hay un poco de todo. Cosa buena y cosa mala. Lo que es seguro es que cada vez será más oscuro y más frío. Llega un momento en que no se ve nada. Pero nada de nada. Nada de nada. Yo, cuando ya no se ve nada, no bajo más, aunque se puede seguir bajando. No es que me dé miedo, ¡eh!, es que el agua está muy fría ahí abajo. Y mi madre me lo tiene prohibido.

NAUNET:

Ya veo, ya. Oye, no tiene muy buena pinta lo de abajo. Quizá, si tú me ayudas, pueda nadar hacia arriba.

KAI se acerca a NAUNET, se pone frente a ella, la agarra por debajo de los brazos y empieza a nadar hacia arriba con todas sus fuerzas. Apenas logra detener su caída. Desde luego, no hacen nada que se parezca a ascender. Y entonces ocurre una de las cosas que más me gusta que ocurran dentro de mí: así, sostenidos en mi centro, parece que NAUNET y KAI se están dando un abrazo.

NAUNET:

No te preocupes, Kai, no se puede.

KAI:

¡Qué disgusto, Naunet! Tengo que ir a cenar a casa, pero voy a pensar en cómo puedo ayudarte. Quizá se me ocurra una solución.

NAUNET:

Gracias. Qué bien haberte encontrado, Kai.

KAI:

Lo mismo digo, Naunet.

8

NAUNET:
  ¿Alguna vez llegaré al fondo?

El fondo, permitidme que os diga, es algo que no queda del todo claro. En cualquier caso, llega un momento en que es difícil saber dónde se encuentra uno con respecto al fondo y con respecto a la superficie. Me refiero a cuando uno se encuentra dentro de mí. A los puntos cardinales tradicionales, a saber: norte, sur, este y oeste, se les suma el arriba y el abajo. El arriba está bien delimitado por la superficie. Pero ¿y el abajo? También debemos añadir el día y la noche. Aunque cuanto más desciende NAUNET, más difícil es distinguir los días de las noches. NAUNET cae y cae, y ya hace tiempo que está cayendo. El tiempo se alarga como una nota de violín. Ya casi no puede ver la superficie. A veces, incluso, se olvida de la superficie y de la caída y de la barca en la que cruzaba sobre mí con sus padres. Simplemente habita la caída. Este lento devenir hacia el fondo. Este pausado desvanecimiento a las profundidades. Aunque ni siquiera se dé cuenta de que cae. Cuando tiene hambre, come lo que tiene más a mano; normalmente algas que se han soltado y flotan sin rumbo. Las algas saben un poco al color verde y un poco a la amargura. Pero casi nunca tiene hambre. Caer, a veces, parece suave y ligero, y otras se siente terriblemente agotador. Si está cansada, duerme: se recuesta sobre mis partículas de agua salada y se deja mecer por las mareas que la llevan y la traen en su dulce caída. El fondo, lo que es el fondo, no acaba de aparecer. Ni siquiera yo tengo claro cuál es el fondo de mí mismo, en qué lugar acabo. Podría ser que no acabase nunca.

9

Y aquí viene FLORETE *como un caballito de mar des-*
bocado con su larguísima lanza en la nariz. FLORETE
es un narval, aunque muchos de mis seres dicen que
los narvales son peces a una nariz pegados, peces con
una nariz superlativa. ¡Ignorantes! ¡No se dan cuenta
de que eso no es una nariz, es un diente!

FLORETE:

¡Dios mío! ¡Qué calor! Pero cómo puede
hacer tanto calor. ¡Qué barbaridad! ¡Qué
barbaridad! Estoy donde no tenía que estar. ¡Qué incomodidad!

NAUNET:

¡Cuidado! ¡Que me pinchas!

FLORETE:

Disculpa, disculpa. Es que hace muchísimo
calor. Odio el agua caliente. Y encima me
he perdido de mi gente. Contentos tienen
que estar. Me van a regañar muchísimo
cuando me encuentren.

NAUNET:

¿De quién te has perdido? ¿De tu familia? ¿Sois muchos?

FLORETE:

Pues vamos a ver. Mi padre, mi madre, mi otro padre, mi otro padre, mi otra madre, mis quince abuelos, mis primos y tíos y seis bisabuelos. En total debemos de ser unos cuarenta.

NAUNET:

¿Y a dónde ibais?

FLORETE:

Pues nos mudábamos. El agua se pone muy caliente, ¿sabes? Incluso a veces quema. Es como si no soportásemos estar dentro de nosotros mismos cuando el agua está demasiado caliente. ¿Conoces esa sensación? Tenemos que buscar agua más fría. ¡Ay, ay! Qué rica el agua fría. Con hielito. Cada vez que se calienta el agua, nos mudamos a otra más fría. Si se enfría, volvemos. Así vamos y venimos, aunque no se suele enfriar mucho.

NAUNET:

Yo también me he perdido de mi familia. Me caí de la barca. Ahora voy para abajo.

FLORETE:

Ir para abajo también es ir a un lugar más frío.

NAUNET:

Ya, eso me han dicho.

FLORETE:

Pero nosotros hacia abajo no vamos, que está muy oscuro. Además, necesitamos salir cada poco a respirar, no podemos alejarnos mucho de la superficie.

NAUNET:

Entiendo.

FLORETE:

¿A ti te gusta también el frío? ¡Qué gustito el frío!

NAUNET:

A mí me gusta el cielo estrellado.

FLORETE:

Ah, a mí también. Sobre todo el cielo cuando el mar está helado. Nadar por la noche entre grandes icebergs y surcar las olas con la luna y las estrellas de fondo.

NAUNET:

Veo que me entiendes. Aunque hundiéndome así, no sé si volveré a ver el cielo estrellado.

FLORETE:

Pues deberías. Me caes bien...

NAUNET:

... Naunet. Oye, ¿y ese pincho que llevas en la frente?

FLORETE:

Es un diente.

NAUNET:

¿Cómo un diente?

FLORETE:

Lo que oyes. Tampoco es tan raro.

NAUNET:

Hombre, un diente de dos metros.

FLORETE:

Cosas más raras se han visto.

NAUNET:

¿Como qué?

FLORETE:

Como peces que vuelan y los pingüinos y los cenotes y un barco que rompe el hielo y un caballito de mar dando a luz y un pulpo-camaleón y un pez payaso y una niña que se hunde y el agua tan caliente y la boca de una ballena y una ameba, ¿has visto alguna vez una ameba? Y cómo se siente el agua cuando hay un tsunami, que es como si te apretasen las orejas.

Es cierto que el agua, cuando hay un tsunami, está rarísima.

NAUNET:

Cuantísimas cosas raras. Aunque he de decir que tu diente de dos metros se lleva el primer premio.

FLORETE:

Me sirve si tengo que batirme en duelo. Aunque es dificilísimo limpiarlo.

NAUNET:

Me imagino. Yo odio limpiarme los dientes.

FLORETE:

¿Tú tienes algo para batirte en duelo?

NAUNET:

Mmm... No.

FLORETE:

Pues menuda. No sé qué vas a hacer sin algo para batirte en duelo. Necesitas algo para medirte con los demás.

NAUNET:

Nunca me he visto en la situación de necesitar batirme en duelo ni nada parecido.

FLORETE:

Pues aquí todos tenemos algo. Es imprescindible: pinzas, tinta, veneno, electricidad, picos, dientes, colas. Algunos vamos en grupos, otros saben esconderse, otros cambian de colores.

NAUNET:

Ya...

FLORETE:

Naunet, me tengo que ir porque me estoy derritiendo y mi familia estará preguntándose que dónde ando. Pero puedes llamarme si me necesitas, mi nombre es Florete. Ah, qué calor desagradable, qué ganas de llegar al agua fría, ah...

10

Entre el runrún de las mareas se escucha una vieja canción vikinga: la canta FREYA, la valkiria. Su voz es de las más hermosas que viven en mí. Y, pese a haberse hundido con su barco hace cientos de años, no ha perdido las ganas de cantar. De verdad que a veces no sabemos la suerte que tenemos. NAUNET deja que su voz la envuelva sin saber de dónde viene hasta que, de pronto, la canción se detiene.

FREYA:

Tsss, tsss, por Odín, muchacha, ¿qué haces cayendo?

NAUNET:

Pues eso querría saber yo.

FREYA:

Pero no te dejes caer, por los dioses. ¡Nada hacia arriba!

NAUNET:

Ya lo he intentado muchas veces, no funciona.

FREYA:

¿Cómo que no funciona? Nada con más fuerza.

NAUNET:

Te aseguro que lo primero que he hecho es intentar nadar.

FREYA:

Nada con fuerza, venga.

NAUNET:

Odio nadar con fuerza.

NAUNET, que ya se ha convertido en uno de los seres más perseverantes en mí, lo intenta. Pero es inútil. No avanza ni un centímetro hacia arriba. De hecho, acelera algo su caída.

FREYA:

Pero, hombre, así no, por Thor. ¿Tú eres una mujer vikinga?

NAUNET:

Pues no, no soy una mujer vikinga.

FREYA:

Se nota que no eres una guerrera del norte, por Loki. Si lo fueses, ya estarías de vuelta en la superficie.

NAUNET:

¿Y por qué no nadas tú a la superficie?

FREYA:

Yo he recorrido todos los mares del norte y muchos de los mares del sur, niña. Soy una valkiria.

NAUNET:

Ya, ya, pero ¿por qué no subes? ¿Qué haces aquí abajo?

FREYA:

He luchado en mil guerras y sobre mí he cargado a reyes vikingos.

NAUNET:

Pero si no te estoy preguntando eso.

FREYA:

Surcando los mares he creado héroes que han conocido el Valhalla.

NAUNET:

Mucho, mucho, pero no respondes a mi pregunta. Lo que yo quiero saber es: ¿por qué no subes tú?

FREYA:

Ojalá pudiese, por Heimdall. Si no tuviese un barco a la espalda. Pero, como ves, soy un mascarón de proa, estoy enganchada a la embarcación, formo parte de ella. Y, como comprenderás, es imposible cargar con un barco entero hasta la superficie, por muy vikinga que una sea.

NAUNET:

A lo mejor es que ese no es el camino, quizá no se pueda subir y haya que ir hacia abajo. Quizá tenga que llegar al fondo y allí tomar impulso.

FREYA:

Sí se puede, sí se puede, por Skadi que se puede. Si yo fuese joven como tú y no tuviese un barco a mis espaldas, ya estaría ascendiendo a toda velocidad. ¿Has probado a abrir bien las manos? Las palmas de las manos son lo importante. Las manos tienen que hacer de pala para empujar el agua para abajo, y tienes que dar patadas fuertes con los pies. Si no, es imposible, por Odín, imposible que nadie suba. Hay que hacer un ángulo recto con el codo para que las palmas de las manos estén horizontales y...

NAUNET se siente mal por no estar a la altura de lo que FREYA quiere que haga. Lo intenta y no le sale. Al final se cansa y decide hacer como que no la oye mientras ella insiste en darle instrucciones para nadar hacia arriba. Yo también a veces me hago el sordo, sobre todo con las gaviotas, que son de lo más impertinentes. La voz de FREYA es un runrún de fondo, casi como el de las olas. NAUNET prefiere fijarse en el barco vikingo hundido que tiene FREYA a la espalda.

II

NAUNET:

No sabía que una barca
podía caerse de sí misma.
¿Cómo se hunde algo cuya esencia es flotar?
Visto está que aquí un barco se cayó al
mar.
Y como yo, empezó a descender y descen-
der, pese a los intentos por ascender de
Freya, su mascarón de proa vikingo.

Por aquí lo llamamos naufragio, NAUNET.

NAUNET:

Naufragio. Qué cosa.
NAU-FRA-GIO.
NAU suena a mar, a cielo estrellado, a go-
tas arrastradas por el viento posándose en
la mejilla, a navegar sin rumbo, pero con
esperanza.

FRA suena al frágil equilibrio que se rompe con solo mirarlo, la delicada unión entre las cosas, la tensión superficial del agua.

GIO suena a giro alrededor del mundo, a la forma dura de las rocas, de la escritura, a las cosas que hay debajo de las cosas.

NAU-FRA-GIO.

Un barco que se hunde como me hundo yo.

Se rompió por la mitad.

¿Me habré roto yo por la mitad?

Probablemente entre sus restos tendrá un tesoro brillante en un cofre.

¿Habrá un tesoro brillante en un cofre en mi interior?

Tiene los mástiles partidos, las velas rasgadas, un agujero en el vientre.

Y, sin embargo, qué paz existe entre sus restos.

Cómo lo ha recogido el mar y lo ha convertido en parte suya.

Cómo crecen las algas entre sus tablones y los peces se esconden en su bodega.

Quizá yo sea como un naufragio.

Un lugar que recuerda a un viaje.

Algo que contiene un secreto, algo que brilla.

Y, sin embargo, se hunde.

12

KAI:

Hola, Naunet, por fin has llegado. Me preguntaba cuánto tardarías en caer hasta aquí.

NAUNET:

¡Kai! Qué bien volver a verte. A casi todos los que veo por aquí los veo una vez y luego ya no los veo más. Me acompañan un rato y luego desaparecen. Odio no volver ver a los amigos. No sabía que te volvería a ver.

KAI:

Yo sí lo sabía. No tenías más remedio. Si continuabas cayendo, tenías que acabar cayendo aquí. ¡Bienvenida a mi ciudad! ¡Bienvenida a la Atlántida!

Por si teníais alguna duda, en mí no solo hay peces y corales y naufragios, no solo hay algas y

plancton y mareas. En mí también hay ciuda-
des. La Atlántida es de las cosas que más me
gusta tener dentro. La ciudad se extiende por
una gran planicie en las profundidades y todos
los edificios que al principio quedaron derrui-
dos fueron recuperados con elementos marinos.
No es por presumir, pero sentir el bullicio de
sirenos por sus calles, el trajín del gran mercado
de algas por las mañanas o cómo se reúnen los
pequeños en la plaza por las tardes a jugar al
pez-pelota son algunas de las mejores sensacio-
nes que he tenido.

NAUNET:

¡Qué barbaridad! ¡Pero si tenéis una ciudad gigante aquí abajo!

KAI:

Claro, ¿qué te esperabas, que viviésemos
en cuevas?

NAUNET:

Pues no lo había pensado.

KAI:

Antes todo esto era la superficie y los
abuelos de mis abuelos de mis abuelos de
mis abuelos de mis abuelos de mis abuelos
de mis abuelos, etcétera, vivían en tierra
firme y tenían dos piernas como las tuyas.
Pero un buen día vino una ola gigante.

NAUNET:

¿Cómo de gigante?

KAI:

Pues lo suficientemente gigante como para comerse una ciudad entera. Y, de un día para otro, nos engulló el mar.

NAUNET:

¿De un día para otro?

KAI:

De un día para otro.

NAUNET:

¿Por eso ahora tenéis cola?

KAI:

No nos quedó más remedio. Ya que íbamos a estar todo el rato bajo el agua, necesitábamos cola para ir de un lado a otro.

NAUNET:

Qué conveniente.

KAI:

Quizás a ti también te salga una.

NAUNET:

Pues me vendría bien, que ya llevo aquí un ratazo. Sobre todo para poder ir hacia

arriba y hacia los lados y no siempre hacia
abajo.

KAI:

Por cierto, estuve pensando en cómo ayudarte a subir. Le pregunté a mi madre durante la cena...

NAUNET:

¿Y bien?

KAI:

Dice que no te puedo ayudar, que, a veces,
uno no puede solucionar los problemas de
los demás aunque quiera, y que hay seres
que van hacia abajo y hacia abajo es su
camino.

NAUNET:

Ya...

KAI:

Déjame que me ponga a tu lado. Así caeré
contigo, aunque sea un ratito.

NAUNET:

Vale.

KAI:

Vaya, nunca había estado tan quieto y había caído tan despacio. Todo desde aquí
se ve de otra manera. Mira la ciudad, tan
lejos y tan cerca, como si todo fuese pre-
cioso y al mismo tiempo algo triste, como
si las cosas pasasen en otro sitio.

NAUNET:

Así es.

KAI:

Naunet, tengo algo para ti.

NAUNET:

¿A ver?

KAI:

Es un jersey, mi mamá te lo ha hecho con barbas de ballena. Dice que ahí abajo hace mucho frío y que te vendrá bien.

NAUNET:

Gracias.

KAI:

La Atlántida es lo más profundo que puedo estar. Tengo permitido nadar de la ciudad hacia arriba. Nunca debo nadar por niveles inferiores. Tampoco puedo nadar muy arriba, no debo acercarme excesivamente a la superficie no vaya a caer en las redes de los pescadores. Ahora ya te quedan las simas abisales.

NAUNET:

¿Las simas abisales?

KAI:

Ahí abajo, ¿ves la grieta? Por ahí es tu camino. Yo por ahí no te puedo acompañar. Me gustaría estar más tiempo contigo, pero creo que a donde vas tienes que ir sola. Te deseo mucha suerte. Me ha encantado conocerte, Naunet. Espero que nos podamos volver a encontrar.

Naunet:

Gracias, Kai. ¡Adiós!

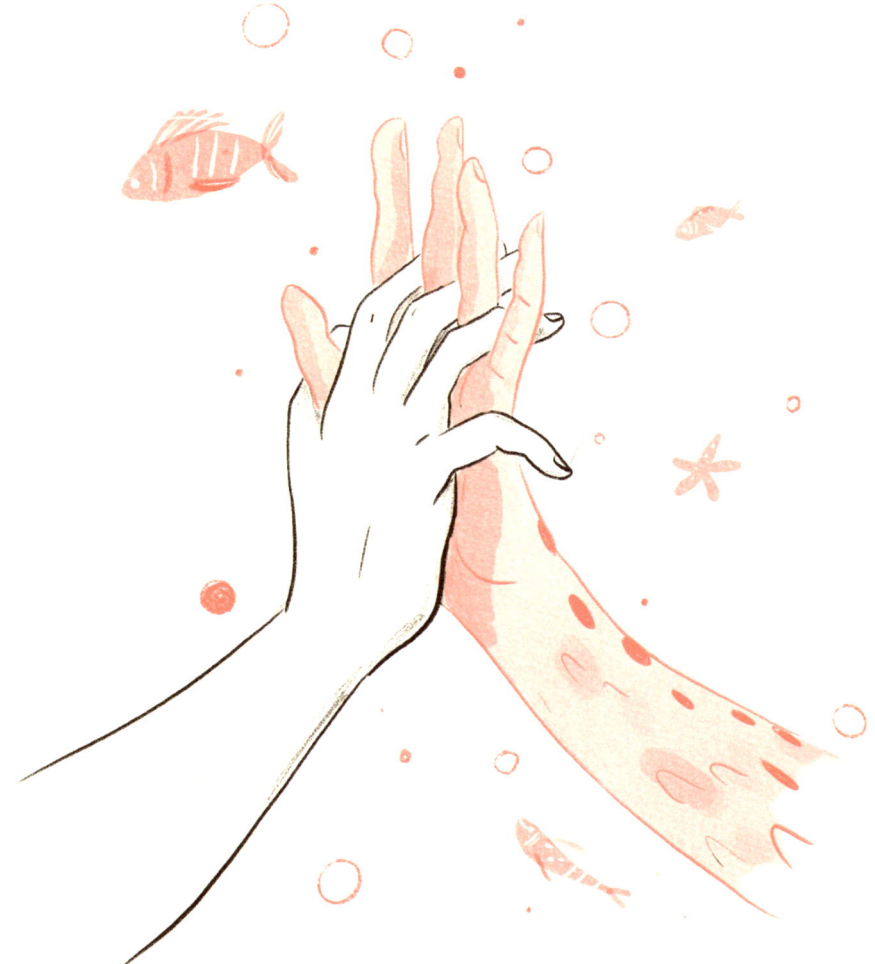

13

Y de pronto las formas se vuelven más pronuncia-
das. Lo que antes era redondo en mí, ahora es trian-
gular. Lo que antes era una ladera, ahora es un pre-
cipicio. Oscuras paredes escarpadas rodean a
NAUNET, que se introduce por la grieta y, con los
últimos rayos de luz que llegan hasta estas profundidades, adivina lo que continúa. De pronto, como
KAI le había contado, hace más frío en mí. En mi
interior hay aguas cálidas y hay aguas frías. También hay seres que siempre tienen frío y otros, como
FLORETE, que siempre tienen calor.

NAUNET aprovecha para ponerse el jersey que le ha
tejido la mamá de KAI. El jersey de barba de ballena
la reconforta y hace que se sienta algo mejor. Mientras desciende y se va sumiendo en la oscuridad,
NAUNET se abraza a sí misma para sentirse recogi-
da. El jersey es suave y le ayuda a pensar que no
está sola.

14

NAUNET:

La verdad es que nunca había estado en un sitio tan oscuro.

Es como si alguien me tapase los ojos con un trapo y luego me pusiese las manos encima de los ojos por si acaso, y además fuese de noche y estuviésemos bajo una manta, con la luz apagada, en un agujero.

Odio los agujeros.

Esta oscuridad parece sólida.

Como si pudiese cortarla con un cuchillo y untarla sobre pan.

Deberían tener lámparas aquí abajo. Al menos una linterna.

Si no, ¿cómo encuentra uno la salida?

Y, por cierto, ¿dónde está el fondo, caramba? ¡Necesito el fondo ya!

¿Qué hay detrás de una bombilla en medio de la oscuridad? Yo lo sé, porque conozco todo lo que hay en mí o, al menos, sé que hasta en mis lugares más oscuros siempre puede aparecer una luz. A lo lejos, casi como si una estrella cayese del cielo, se acerca algo que brilla.

NAUNET:

Allí hay una luz.
Es extraño cómo, a veces, uno piensa en algo y ese algo se aparece ahí, frente a ti.
¿Hola?

La luz es una luz que nada, para sorpresa de mi querida NAUNET. Poco a poco se va acercando.

NAUNET:

Parece un tren que cruza un túnel muy oscuro y muy largo.

La luz cada vez se hace más grande y más grande y todavía un poquito más grande.

NAUNET:

Parece el foco de un teatro. Me entran ganas de ponerme a cantar:

En lo oscuro hay una luz
que baila una sonata.

Se mueve cual avestruz
vestida con una bata.
De comida un buen cuscús,
de cenar una patata.
El mar se viste de azul,
la luna moja las patas,
quién tuviera un tragaluz
con rayos de oro y plata.

15

Siempre hay algo detrás de las luces, NAUNET. En este caso, DIENTES DIENTES, un diablo abisal.

NAUNET:

¡Aaaaaaaahhhhhhh!

DIENTES DIENTES:

No grite, por favor, que aquí no le va a servir de nada.

NAUNET:

¡Aaaaaaaaaahhhhhh!

DIENTES DIENTES:

Sí, suelo provocar estos desvelos entre la concurrencia.

NAUNET:

¡AAAAAAAAHHHHHHH!

DIENTES DIENTES:

Ahora ya está exagerando, por favor.

NAUNET:

¿Ah?

DIENTES DIENTES:

Buenas noches. Me presento: por aquí todo el mundo me conoce como Dientes Dientes, para servirle. ¿Es usted comestible?

NAUNET:

No lo soy.

DIENTES DIENTES:

Una lástima, pues ya va siendo la hora de cenar.

NAUNET:

¿Cómo sabe que es la hora de cenar si aquí no hay luz para marcar si es por la mañana o por la tarde?

DIENTES DIENTES:

Muy simple, extraño ser no comestible: sé que es la hora de cenar porque tengo hambre.

NAUNET:

¿Y cómo diferencia la hora de cenar de la hora de comer?

DIENTES DIENTES:

Aquí abajo siempre es la hora de cenar. ¿No ve lo oscuro que está?

NAUNET:

Ajá. Tiene toda la razón. Por cierto, señor Dientes Dientes, ha dicho usted que todo el mundo le conoce como Dientes Dientes. Viéndole, entiendo el porqué, pero lo que no entiendo es dónde está ese «todo el mundo» al que se refiere.

DIENTES DIENTES:

Uy, todo el mundo está aquí abajo. Otra cosa es que usted no los vea porque está todo muy oscuro. Yo ya me he acostumbrado a esta oscuridad y puedo ver en ella. Mis ojos se han hecho a ver sin luz. Y, si

la oscuridad se pone excesivamente oscura, para eso tengo mi bombilla. Esta bombilla se alimenta de imágenes felices. Por ejemplo, si yo quiero que brille, imagino seres comestibles que tengan masitas carnosas. ¿A usted qué le gusta?

NAUNET:

A mí me gusta el cielo estrellado.

DIENTES DIENTES:

¿Cómo el cielo estrellado?

NAUNET:

Sí. Primero está el cielo, que es azul e inmenso como el mar, pero no es el mar. Luego está la noche, que es oscura y profunda como el mar, pero no es el mar. Por último, están las estrellas, que brillan y tiemblan en el cielo nocturno. En el mar también hay estrellas, pero no son estrellas que brillen. Lo bonito de las estrellas del cielo es que brillan y están lejos. Que estén lejos es algo que me parece fabuloso.

DIENTES DIENTES:

Me gusta eso del cielo, la noche y las estrellas. ¿Quizá las estrellas del cielo brillan como mi bombilla porque tienen imágenes felices? ¿Quizás usted pueda encender una luz si encuentra una imagen feliz?

NAUNET:

Pues no lo había pensado. Todo está allí arriba, tan lejos... Y yo, como ve, no puedo ir hacia arriba, solo hacia abajo. Poco a poco parece que me alejo de todo. ¿De verdad hay más seres aquí con nosotros?

DIENTES DIENTES:

Claro, esto está a rebosar. Aunque usted no vea a nadie, aunque se sienta sola. Hay seres que caen aquí y no pueden volver a subir. Otros nacieron aquí, aquí viven y aquí mueren. No se asuste, no son peligrosos, simplemente habitan el fondo.

NAUNET:

¿El fondo?

DIENTES DIENTES:

Gran perspicacia, efectivamente, esto es el fondo. O al menos, lo que llamamos fondo. Nadie sabe de lo que hay más abajo. Esto es lo más abajo conocido. Hay todavía un más abajo, un más al fondo, pero nadie lo conoce, nadie ha bajado hasta allí y ha subido para contarlo. El fondo fondo, lo que es tierra al fondo, lo que no tiene más abajo, el lecho del mar, el lugar en el que uno puede tocar tierra, donde se puede apoyar para, de un impulso, volver a subir... eso está todavía más abajo. Yo no he bajado nunca, y mire que llevo dando vueltas por estas profundidades ya ni se sabe cuánto. Qué le iba a decir, ¿quizá puede que sea usted en realidad un poquito comestible y no se haya dado cuenta?

NAUNET:

No lo soy, señor Dientes Dientes, no insista. Le agradezco mucho la información.

DIENTES DIENTES:

Pues entonces, si me disculpa, me retiro a buscar a un ser sí comestible. Le deseo buen viaje.

16

NAUNET:

¿Cuánto llevo aquí?
Qué desesperación.
Ya no es que no se vea nada, es que es la mar de incómodo.

«La mar de incómodo». Ja, ja, ja. ¡Qué gracio-sa, NAUNET!

NAUNET:

Es que estoy muy sola.
Dientes Dientes dice que aquí hay una multitud, pero deben de ser todos mudos.
Odio este silencio.
¡Eoooo!

¡Kaiiiii! ¡Kaaaaai! ¡Veeeen!
No vendrá, Kai dijo que su madre no le dejaba bajar hasta aquí abajo.

No sé si llamar al señor Dientes Dientes, tenía una fijación muy extraña con la posibilidad de comerme.

«La mar de incómodo». ¡Es buenísimo!

NAUNET:

¡Freyyaaaaaaa!
Freya tampoco vendrá, está enganchada al barco, no creo que pueda moverse de ahí.

¡Floreteeeeee! ¡Ven, que aquí el agua está fresquita!
Florete dijo que le llamase si hacía falta.
Aunque también dijo que necesitaba estar cerca de la superficie.
¡Floreeeteeeee!
¡Floreeteee!
¡Florete!
Parece que Florete tampoco vendrá.

El mar es la mar... de incómodo. ¡Jo!

NAUNET:

Me he quedado sola.

17

NAUNET está harta. De sí misma. De la oscuri-dad. Del frío. Incluso de mí, el mar, que nor-malmente ofrezco tanto atractivo. Reconozco que en ocasiones puedo ponerme de lo más mo-nótono y aburrido. También está harta de estar sola. Ya sabemos que DIENTES DIENTES le dijo que no estaba sola, que el fondo está lleno de seres como ella, solos y en caída, pero a veces es realmente difícil darse cuenta, sobre todo si na-die da la luz. NAUNET está harta, decía, y el fon-do fondo no aparece. Todo sigue oscuro y ella sigue cayendo, y NAUNET entonces se da cuenta del silencio. «¡Qué absolutamente silencioso está todo aquí abajo!», piensa. Cruza las piernas y posa las manos en las pantorrillas y entonces, pese a lo absurdo de la acción, cierra los ojos. Con los ojos cerrados, cayendo en el centro de la oscuridad, NAUNET desea subir a la superficie, volver a lo que era antes, retomar su camino por donde lo había dejado. Entonces, imagina.

NAUNET:

Quizá si ahora me concentro
y me veo a mí misma...
Pequeña y sola en medio del océano.
Pequeña y sola en la oscuridad y el agua.
Pequeña y sola en el silencio y la caída.
Quizá pueda acercarme nadando a esa
niña sola que cae.
Esa niña que soy yo.

Y que así se sienta menos sola.
Dejarle que me cuente su historia, mi historia, nuestra historia.
Escuchar mi historia de su boca.
La historia de una niña que se cayó de una barca.
Y atravesó las olas.
Y empezó a hundirse poco a poco.
Y descubrió que podía respirar bajo el agua.
Y mientras se hundía, mientras caía despacio pero sin detenerse, observaba todo lo que la rodeaba con cierta perplejidad, ya que era un mundo nuevo para ella.
Mientras caía se preguntaba por la propia caída.
¿Cuándo terminaría?
¿Hasta dónde caería?

¿Cómo sería el momento de tocar el fondo?
¿Podría acaso regresar a la barca?
¿Qué habría sido, por cierto, de la barca?
Y me escucho diciendo que estoy cansada de caer.
La niña que soy yo lleva mucho tiempo hundiéndose y ha llegado a un lugar oscuro y silencioso como una cueva.
Y, entonces, la niña que soy yo se rebela contra la caída.

La veo rebelarse.
Me veo rebelarme.
Empuja con un pie.
Pero el pie se desliza en el agua que parece apartarse de él.
Entonces junto mis manos para ofrecérselas al pie de mí misma.
Para que Naunet pueda impulsarse.
Para ofrecerme un fondo en el que tomar impulso.
Ser yo mi propio lecho marino.
Y mi otro yo empuja con su pie contra mis manos.
Y comienza a ascender.
La niña que soy yo asciende y, mientras asciende, se encuentra con todos los seres que conoció en la caída.
Y todos la saludan a su paso.

Se encuentra con el silencio y la oscuridad.

Con un diablo abisal con la boca llena de dientes y una luz, como una bombilla, en la frente.

«¿No podría darle un bocadito en el meñique?», le dice a su paso.

Con una ciudad sumergida, devorada por las olas, habitada por sirenas, llamada la Atlántida.

Con los restos de un naufragio como un gran esqueleto.

Con una mascarón de proa vikinga que todavía insiste en las mejores maneras para ascender. «¡Con las palmas!», grita, «¡Con las palmas!».

Con un narval perdido y sudoroso en busca de su familia. «Cada día hace más calor», dice.

Con un niño sireno, ¿un amigo?, feliz de volver a encontrarla. «Pensé que nunca volvería a verte, Naunet. ¡Qué alegría!», grita Kai.

Con un arrecife de coral.

Con los rayos refractándose en la superficie.

Con el aire en los pulmones.

Con las olas.

Con la barca.

Y en la barca sus padres, sus amigos, su pasado y su futuro, su presente.

Y en la barca mis padres, mis amigos, mi pasado y mi futuro, mi presente.

Y luego, en la barca, un atardecer inmenso lleno de rojos, naranjas y violetas.

Y la barca la mece, me mece, hasta el sueño, como una madre a su hija.

Y luego despierta en mitad de la noche.

Y mira al cielo.

Y ve un cielo lleno de estrellas.

Veo un cielo lleno de estrellas.

Una luna pálida y redonda como una pegatina.

Y miles, millones de puntos de luz que titilan en el infinito.

Y NAUNET, *desde el fondo de mis fondos, en medio de la caída, con las piernas cruzadas, las manos sobre las pantorrillas y los ojos cerrados se imagina a sí misma de vuelta a la barca. Y sonríe. Luego abre los ojos y vuelve a la oscuridad y la caída, pero esta vez se siente menos sola, pues ha imaginado la posibilidad de regreso, el deseo de ascensión, el ímpetu de un anhelo. En su cabeza está su imagen ascendiendo como una flecha, deshaciendo el camino, atravesándome, regresando al origen. Y esa imagen, su imagen en la barca y la noche estrellada y el viaje que ha recorrido y los compañeros que ha encontrado, las conversaciones, los regalos, los paisajes, las risas, los malentendidos y fracasos, todo eso la llena de esperanza.*

18

NAUNET, en medio de mi oscuridad, saborea la última imagen que había habitado: tumbada en la barca, a su alrededor, sus seres queridos durmiendo, y el cielo estrellado. Abre los ojos. Poco a poco, pequeñas luces se van encendiendo.

NAUNET:

¿Qué es todo esto?

Primero son pequeñas luces a su alrededor que brillan en mí. Una a una, aparecen más.

NAUNET:

¿Estoy soñando? Esto se parece a mi imagen feliz. Pero sigo en el fondo del mar.

Aquí lo llamamos bioluminescencia, NAUNET.

NAUNET:

Casi puedo identificar las constelaciones.

Son pequeñas partículas de luz.

Naunet:

Es como si flotase por la vía láctea. Como si recorriese el universo. Como si cada estrella suspendida fuese una posibilidad en medio de la oscuridad.

Este fenómeno ocurre solo en ocasiones especiales.

96

Naunet:

Es como si la oscuridad que me rodea contuviese, escondida en su interior, la posibilidad de un cielo lleno de estrellas.

Es mi regalo final para ti, querida Naunet, por haber sido en mí a tu manera, sin armas para batirte en duelo, pero con fragilidad y fiereza, por haber caído llena de fuerza y coraje, sin llegar a perder nunca la esperanza. Dejaré estas luces encendidas mientras sigues tu camino.

19

Naunet:

Ahora entiendo todo un poco mejor.
Todo este tiempo no supe pensar en otra cosa que no fuese cuándo llegaría al fondo.
Pensaba que, quizás, al llegar al fondo, podría impulsarme y volver a subir.
Desandar la caída.
Y devolverme a la superficie.
O al menos, quizá, descansar allí.
Saber que no iba a seguir hundiéndome.
Nunca me había planteado que quizá no haya fondo.
Quizá solo sea esto.
Este caer lento y húmedo.
Este caer sin fin y en ocasiones encontrarte con seres que te acompañan durante un rato, con paisajes que te entretienen, con preguntas que te interpelan, con pequeños

puntos de luz, casi como las estrellas que se ven desde una barca en medio del mar una noche de verano.

Pequeños puntos de luz vivos que te rodean. Imágenes felices.

Y luego volver a la oscuridad y seguir cayendo.

Y que el único fondo posible sea una misma.

Quizás es que la salida de todo esto esté más abajo, mucho más abajo.

Y no haya que empeñarse en subir, ascender, volver.

Quizá, si sigo hacia abajo, en algún momento llegue al otro lado del mundo.

Y aparezca en otro mar.

Y caiga a otra superficie en la que los barcos navegan al revés.

Y las olas rompen al revés.

Y la caída sea hacia arriba.

20

Y entonces NAUNET comienza a nadar hacia
abajo. Y hacia abajo se da cuenta de que sí que
puede avanzar. ¡Cómo no lo había pensado
antes! Poco a poco acelera su descenso. Y en
esas profundidades de mí, que soy el mar que
todo lo envuelve... en esas profundidades de
mí a las que no ha llegado ni persona, ni buzo,
ni supersubmarino... en ese lugar en el que
solo existo yo, una oscuridad estrellada biolu-
minescente y un silencio, NAUNET se sumerge
todavía un poco más. De pronto, ve un círculo
blanco como una luna pálida y redonda, parece
una pegatina. Ya las direcciones han desaparecido, la izquierda y la derecha han desaparecido, el arriba y el abajo han desaparecido, los
volúmenes han desaparecido. Un círculo blanco
pequeño primero, que va aumentando después.
Y NAUNET nada hacia abajo hasta el círculo
blanco y cuando llega a él descubre que tiene
el tamaño de un hula hoop. El círculo blanco

ilumina su cara. Su cuerpo bocabajo. Y enton-
ces NAUNET *introduce una mano, luego un*
brazo, luego el otro, la cabeza, el torso, la cin-
tura, las piernas y, dando una última patada al
agua con sus pies, desaparece. Y yo, que soy el
mar, me quedo durante un brevísimo instante
en silencio. Hasta que de nuevo se escucha el
rumor de las olas.

Sugerencias

Decía Borges que los temas son fantasmas hambrientos. Siempre que me acuerdo de esta frase imagino a unos fantasmas gigantes y redondos muertos de hambre (je, fantasmas muertos de hambre), pálidos como lunas, recorriendo castillos encantados buscando una galletita que llevarse a la boca. Lo que quería decir Borges es que, para un escritor, trabajar con un tema hace que la obra se achique, pues el tema lo devora todo. Un escritor debe intentar abrir lecturas, ofrecer formas e historias que hagan que los lectores y espectadores imaginen. Por eso, al escribir, intento no imponer temas a la historia que quiero contar. *Naunet y el mar* es la historia de una niña que se cae al mar y se hunde sin remedio. Y en eso me centro y concentro yo al escribirla. En ese gesto. En ese hundirse lentamente. ¿A dónde se dirige? ¿Hasta cuándo estará hundiéndose?

¿Con quién se encontrará en el camino? ¿Cómo se siente Naunet en cada momento? Lo interesante es que, después de leerla, los temas los encuentres tú. Que seas tú el que decida qué cuenta esta historia, por qué se hunde Naunet, qué quiere decir este hundirse. Así que te lo pregunto directamente: ¿de qué habla para ti la historia de Naunet?

Si aun así insistes, quizá pueda indicarte algunas direcciones hacia las que mirar. El viaje de la protagonista puede ser la vida, eso dijo mi madre cuando le pregunté por la obra: desde que nace cuando su madre rompe aguas hasta que muere y ve una luz en medio de la oscuridad. El viaje de Naunet es el de la vida, con encuentros, desencuentros, miedos, alegrías, mientras poco a poco atraviesa el mar, que es el mundo, y se hunde hacia el fondo. Esa podría ser una lectura.

O quizá podríamos fijarnos en el asunto de hundirse y ser incapaz de nadar hacia arriba. ¿Cuánta gente conocemos que pasa por malos momentos? ¿Que tiene rachas malas? ¿Que está atrapada en un lugar oscuro? ¿Sabemos lo que es la depresión? ¿Puede una niña estar deprimida?

También quizá haya otra lectura, la más literal. ¿Y si esto es la historia de una niña que de verdad se ha caído al mar de una barca y que se hunde? ¿Cuántas personas cruzan al año el mar en busca de una vida mejor?

Y no olvidemos que Naunet respira bajo el agua y habla con peces y mascarones de proa. ¿Y si tiene poderes? Superpoderes. ¿Y si vive en otro planeta en el que se puede respirar bajo el agua? ¿Has intentado alguna vez mantener una conversación con otra persona debajo del agua? Si no lo has hecho, te lo recomiendo. ¿Y si en ese planeta ir hacia abajo no es más que ir hacia arriba, y el mar está en el cielo y viceversa? ¿Y si Naunet no puede nadar hacia arriba porque la gravedad es inmensa o la densidad del agua, diferente? Por cierto, ¿te has imaginado alguna vez cómo sería tu ciudad si estuviese en el fondo del mar?

O quizá esta obra es un viaje hacia el interior de una misma. Hacia las profundidades de nuestra alma, a conocer lo que esconde nuestro corazón, nuestros anhelos, nuestros deseos. ¿Sabemos verdaderamente lo que deseamos? ¿Nos conocemos tan bien como creemos? ¿Qué se esconde al fondo, pero al fondo fondo, de nosotros mismos? ¿Tiene final nuestro interior o somos profundos e infinitos como el mar? Muchas veces, quizás, parecemos centrados en nosotros mismos. O quizá no tenemos muchas ganas de encontrarnos con los otros. A lo mejor, si no lo has sentido tú, has visto a un amigo que le pasaba esto. ¿Estaría, quizá, hundiéndose en su propio mar interior?

Por cierto, ¿te has dado cuenta de que el narrador es el mar? ¿Alguna vez has leído una obra o un libro en el que uno de los personajes sea un lugar? El mar, que es un espacio que está en el mundo y que a la vez contiene al mundo, en esta obra tiene una personalidad y cosas que decir. ¡Y menudas cosas! ¿Te imaginas que puedes establecer una conversación con un lugar importante para ti? ¿Te imaginas que ese lugar pueda tener voz y personalidad? Yo a veces pienso que tengo una conversación con mi casa, que me regaña por ser siempre tan desordenado. Quizá podrías tener una conversación con el estadio de tu equipo favorito, o con el bosque que hay cerca de tu pueblo en el que juegas al escondite con tus amigos, o con tu colegio, o con el viento que pasa, o con la mañana, o con el autobús... ¿Qué le dirías a ese lugar importante que tantas veces te ha acogido?

Puede que esta obra te haya parecido demasiado seria. Es cierto, tienes razón. Creo que es importante contar historias que hablen sobre el mundo en el que vivimos. Es porque creo en ti, en tu fuerza y coraje, que me atrevo a escribir historias difíciles. Pero fíjate en que Naunet, pese a hundirse, pese a estar sola y haber perdido a sus padres, encuentra momentos de verdadera alegría. Pese a estar rodeada de oscuridad logra concentrarse en una imagen feliz, en un cielo estrellado. ¿Cuál sería para ti una imagen feliz? ¿Qué imagen producida en tu cabeza, quizás un recuerdo, quizás un deseo, podría alumbrar la oscuridad?

No obstante, es cierto que Naunet sigue cayendo. Entonces, hablemos del final. Me gustaría que pensases si te gusta el final. Quizá hubieses preferido otro final o crees que otro final sería más adecuado. Te invito a que tengas una conversación con tus amigos sobre el desenlace. Porque, ¿qué es ese círculo blanco que Naunet atraviesa? ¿Qué significa para ti? Y sobre todo, ¿a dónde da?

Índice